Profile Note

프로파일 노트 - 인물

의상 대사

이 름 : 의상(법명)

가족 관계 : 김한신의 아들
생몰 연대 : 625년 ~ 702년
업 적 : 19세 때 황복사에서 출가함. 당나라에 건너가 화엄을 공부하고 귀국한 후 왕명을 좇아 부석사를 세우고 화엄종을 가르침. 화엄사, 범어사 등의 화엄종의 사찰을 세움
특이 사항 : 우리나라 화엄종의 창시자가 됨

※ 프로파일 노트란 : 인물이나 사건의 중요한 특징을 기록한 노트

원작_ 일연
고려 말의 승려이자 학자로 《삼국유사》를 지었습니다.
22살 때(고종 14년) 승과에 장원 급제하고, 1283년에 국사가 되었으며
운문사 주지도 있으면서 왕에게 불법을 설하였습니다.
하나의 종파를 고집하지 않고 여러 가지 불교 신앙을 받아들이는
저술 활동을 하였으며, 특히 우리 고대 신화와 설화 및 향가를 모은
《삼국유사》는 국문학 및 역사 연구에 귀중한 자료가 되고 있습니다.

글_ 엄광용
중앙대학교 문예창작학과를 졸업했습니다.
삼성문예상 장편동화 부문에 수상했습니다.
작품으로 《사기의 인물이야기》 등이 있습니다.

그림_ 추은경
대학에서 편집 디자인을 전공하였고,
애니메이션에 관심을 갖게 되어 영상학 공부를 하였습니다.
클레이 애니메이션 조감독 일을 하며, 어린이를 위한 그림을 그리고 있습니다.

펴낸곳 (주)한국글렌도만 **펴낸이** 이행순 **출판등록** 1995년 1월 25일 **공급처** (주)한국슈타이너 **대표** 조창호
편집·디자인 편집부 **사진** 시몽포토에이전시 **제작상무** 장종남
주소 서울시 종로구 연지동 136-56 **전화** 02-741-4621~3 **팩스** 02-765-4584
Website www.steiner.co.kr

ⓒ STEINER KOREA

조국을 위기에서 구한
의상 대사

글 엄광용 그림 추은경

비바람이 몰아치는 벌판에 두 스님이 걸어가고 있었어요.
당나라로 유학을 가는 원효와 의상 스님이었어요.
"어디서 하룻밤 묵어가야 하는데 집도 절도 없으니 걱정입니다."
의상이 걱정스러운 표정으로 말했어요.
"누우면 다 집이 아니오?
저기 동굴에 들어가 하룻밤 쉽시다."
원효가 너털웃음을 웃으며 말했어요.
날이 어두워지자 바람이 더 거세졌어요.
두 스님은 얼른 동굴 속으로 몸을 숨겼지요.

두 스님은 자리를 잡자마자 바로 코를 드르렁드르렁 곯았어요.
"물, 무울!"
원효가 자다 말고 목이 말라 물을 찾았어요.
머리맡을 더듬어 보니 손에 바가지가 잡혔지요.
마침 물이 들어 있어서 원효는 달게 마시고 다시 잠이 들었어요.
다음 날 아침, 잠에서 깬 원효는 깜짝 놀랐어요.
머리맡에 물이 고인 해골이 하나 놓여 있었기 때문이에요.
"아니! 간밤에 내가 마신 물이 해골 물이란 말인가?"
원효는 구역질이 났어요.
그런데 구역질을 하던 원효가 갑자기 껄껄 소리 내어 웃었어요.
"허허허, 사람의 마음이란 참 우스운 것이외다."
"갑자기 무슨 말씀을……."
"목이 마를 때는 그 물이 그렇게 맛있었는데
목이 마르지 않다고 구역질이 나다니!
모든 게 마음먹기에 달려 있다는 뜻이 아니겠소?"

원효의 눈은 깨달음의 기쁨으로 빛났어요.
"의상 스님, 저는 다시 신라로 돌아가겠습니다.
깨달음도 마음먹기에 달린 것,
당나라에 간다고 더 많이 배울 것 같지 않습니다.
저는 신라에 남아 마음을 닦는 일에 정성을 다하겠습니다."
의상은 원효와 함께 당나라로 가고 싶었어요.

그러나 원효의 굳은 결심을 돌릴 수는 없었어요.
"할 수 없군요. 저 혼자만이라도 공부를 하고 오겠습니다."
의상과 원효는 손을 굳게 마주 잡았어요.
서로 갈 길은 달랐지만,
부처님의 깨달음을 얻고자 하는 마음은 똑같다는 것을
알고 있었기 때문이지요.

의상은 배를 탈 수 있는 나루터를 향해
부지런히 걸었어요.
10년 전에도 의상과 원효는 당나라에 공부(工夫)하러
길을 떠난 적이 있었어요.
그때는 걸어서 고구려를 지나 당나라까지 가려 했지요.
그런데 고구려 국경 근처에서
그만 고구려군에 잡히고 말았어요.
"우리는 공부하러 당나라에 가려는 신라의 중입니다."
"뭐라고? 당나라는 고구려의 적국이다.
그런데 당나라로 건너가겠다고?
너희들 말을 믿을 수 없다!"
고구려군은 두 사람을 신라의 첩자로
의심하고는 감옥에 가두어 버렸어요.

어느 날, 고구려 장수 한 명이 감옥으로 찾아왔어요.
"당신들이 신라의 스님이라는 게 사실인가?"
"그렇습니다. 우리는 부처님 말씀을 공부하는 중입니다."
"흠, 스님이라면 염불을 할 줄 알겠군.
염불 솜씨 좀 봅시다."
의상은 *바랑에서 목탁을 꺼내 들었어요.
곧이어 맑은 염불 소리가 감옥 안에 울려 퍼졌지요.
그러자 장수는 합장을 하며 말했어요.
"스님, 몰라 뵈었습니다. 죄송합니다.
그러나 당나라로 가실 수는 없습니다.
다시 신라로 보내 드리지요."
의상과 원효는 간신히 감옥에서 풀려났으나
당나라로 가지 못하고 신라로 되돌아와야 했어요.
그로부터 10년이 흘렀고 마침내 의상 혼자 다시
당나라로 떠나게 된 것이었어요.

바랑 스님이 등에 지고 다니는 자루 모양의 큰 주머니

의상은 바닷가에서 당나라로 가는 배편을
기다렸어요. 그러나 배가 없었어요.
발을 동동 구르고 있는데 마침 신라에 와 있던
당나라 사신이 곧 돌아간다는 소식이 들려왔어요.
신라 왕실의 허락만 받으면
사신과 함께 배를 탈 수 있다는 것이었지요.
의상은 바로 신라 관리를 찾았어요.
"불경을 공부하고 싶으니 배를 타게 해 주십시오."
"스님의 공부가 우리 신라에 어떤 도움이 되겠습니까?"
그러자 의상은 당당하게 말했지요.
"불교는 신라 백성의 마음을 하나로 모아 줄 것입니다.
소승이 공부를 하고 와서 그 일을 하겠습니다."
관리는 진덕 여왕에게 의상의 말을 전했고
이윽고 여왕의 허락이 떨어졌어요.
이렇게 해서 의상은 당나라 사신과 함께
배에 오를 수 있었답니다.

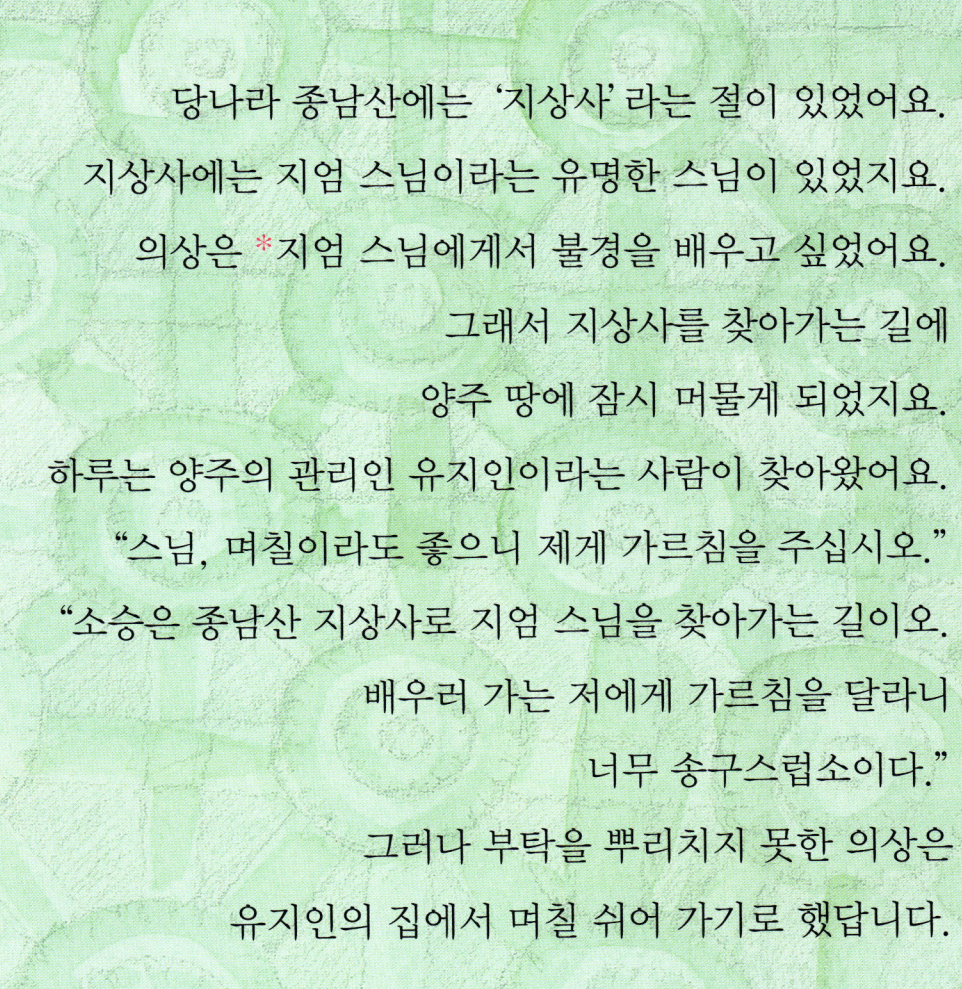

당나라 종남산에는 '지상사'라는 절이 있었어요.
지상사에는 지엄 스님이라는 유명한 스님이 있었지요.
의상은 *지엄 스님에게서 불경을 배우고 싶었어요.
그래서 지상사를 찾아가는 길에
양주 땅에 잠시 머물게 되었지요.
하루는 양주의 관리인 유지인이라는 사람이 찾아왔어요.
"스님, 며칠이라도 좋으니 제게 가르침을 주십시오."
"소승은 종남산 지상사로 지엄 스님을 찾아가는 길이오.
배우러 가는 저에게 가르침을 달라니
너무 송구스럽소이다."
그러나 부탁을 뿌리치지 못한 의상은
유지인의 집에서 며칠 쉬어 가기로 했답니다.

지엄 중국 수나라 말기에서 당나라 초기의 스님으로
지상 대사로 불리며 화엄종을 널리 알림

한편, 지상사에 있던 지엄 스님은
이상한 꿈을 꾸었어요.
꿈속에 한 그루의 나무가 보였지요.
바다 건너 신라 땅에서 싹이 트더니 그 가지와 이파리가
크게 자라 당나라 땅을 뒤덮는 것이었어요.
나무 위에는 *봉황의 보금자리가 있었어요.
지엄 스님이 나무로 올라가 보니
휘황찬란한 *여의주가 멀리까지 빛을 퍼뜨리는 것이었어요.
꿈에서 깨어난 지엄 스님은 생각했어요.
"아무래도 보통 꿈이 아니로군!"

여의주 용의 턱 아래에 있는 구슬로 소원을
이뤄 준다고 전해지는 상상의 구슬

봉황
예로부터 중국 전설에 나오는 상상의 새예요. 수컷은 '봉', 암컷은 '황'이라고 하는데, 덕이 높은 사람이 올 징조로 나타난다고 해요. 사진은 백제 금동대향로 윗부분에 새겨진 봉황이에요.
국립중앙박물관 소장품(중박 200706-236)

지엄 스님이 지상사의 스님들을 불러 말했어요.
"신라에서 귀한 손님이 오실 것이다.
절 안팎을 깨끗이 청소하고 손님 맞을 준비를 하여라!"
그러고는 법당에 들어가 불경을 외우며 손님을 기다렸어요.
얼마 후, 한 스님이 법당 문을 두드렸어요.
"큰스님, 신라에서 오신 의상 스님께서 뵙고자 하십니다."
지엄 스님은 읽던 책을 덮고 자리에서 일어섰어요.
그러고는 마당으로 나가 의상을 정중하게 맞았어요.
"신라에서 귀인(貴人)이 오시는 꿈을 꾸고
며칠째 기다리고 있었습니다. 어서 오십시오."
의상도 예의를 갖추어 지엄 스님께 인사를 올렸습니다.
"큰스님, 저를 제자로 맞아 주십시오."

그 뒤 의상은 밤낮을 가리지 않고 열심히 공부했어요.
불공을 드리는 일도 게을리하지 않았지요.
"스님, *공양할 시간입니다!"
*사미승이 벌써 여러 번째 식사 시간을 알리러 왔지만
공부에 빠진 의상은 그 소리를 듣지 못했어요.
"벌써 몇 번째인지 모르겠어요.
의상 스님은 왜 내 말에 대답을 하지 않으실까요?"
투덜거리는 사미승에게 지엄 스님이 웃으며 말했어요.
"의상이 또 *삼매경에 빠졌구나. 내버려 두어라."
의상은 지엄 스님 밑에서 아직 신라에 전해지지 않은
새로운 불경인 《화엄경》을 배우고 익혔어요.

공양 절에서 식사하는 일
사미승 스님이 되기 위해 공부하고 있는 어린 중
삼매경 다른 생각 없이 오직 하나에만 정신이 빠져 있는 상태

"의상아, 이제 더 가르칠 게 없구나. 그만 떠나거라."
"아니옵니다, 저는 아직 배울 것이 많습니다."
"허허허, 욕심이 너무 많구나.
이 당나라 땅에도 《화엄경》을 너만큼 아는 중은 없느니라.
그만 신라로 돌아가 화엄의 깊은 뜻을 전하여라."
의상도 돌아가야 할 때임을 알았어요.
그러나 정든 스승님을 떠나기 싫어 망설이던 중이었지요.
지엄 스님은 의상에게 《화엄경》을 내주었어요.
그것은 화엄종의 *2대조인 지엄 스님이 의상에게
화엄종 *3대조의 자리를 물려준다는 것을 뜻했지요.
그러나 의상은 여전히 발길이 떨어지지 않았어요.
"이놈아, 이러다 날이 새겠다. 썩 돌아가라!"
그제야 의상은 스승님께 마지막 인사를 올렸어요.
"큰스님, 부디 *성불하소서."

2대조   대를 잇는 두 번째 사람
3대조   대를 잇는 세 번째 사람
성불   부처가 됨

의상이 신라로 돌아가려 할 때 손님이 한 사람 찾아왔어요.
바로 김유신의 동생 김흠순이었지요.
의상과 마주 앉자 김흠순이 조심스럽게 입을 열었어요.
"스님이 저 대신 신라 왕실에 제 말을 꼭 전해 주십시오.
당나라가 신라를 치려고 군대를 훈련시키고 있습니다."

김흠순의 옆에 있던 양도라는 사람도 거들고 나섰어요.
"급합니다. 서두르지 않으면 신라가 또다시 위기를 맞게 됩니다."
"저도 신라의 백성인데 어찌 가만있겠습니까? 걱정 마십시오.
왕실에 사실을 알리겠습니다."
의상은 김흠순과 양도에게 굳게 약속했어요.

의상은 가장 빨리 출발하는 견당선에 올라탔어요.
견당선은 당나라와 교역을 하기 위해
신라에서 보낸 배였어요.
그런데 배가 막 당나라를 벗어나자
바다에 폭풍이 일었어요.
"모두들 배에서 떨어지지 않도록 꽉 붙잡으시오!"
그런데 바로 그때 낭랑한 염불 소리가
울려 퍼지기 시작했어요.
"나무아미타불 관세음보살!
나무아미타불 관세음보살!"
그런데 신기하게도 염불 소리와 함께
폭풍이 점점 잦아드는 거예요.
"큰스님이 배에 타셨나 보다. 어디 계시지?"
사람들은 배 뒤편에서 조용히 앉아
염불을 외우는 의상을 발견했어요.
모두들 신기한 눈빛으로 의상을 바라보았지요.

이렇게 해서 신라에 도착한 의상은 서둘러 궁궐을 찾았어요.
그 무렵은 신라와 당나라가 고구려를 멸망시킨 후였어요.
그러나 전쟁이 끝나고도 당나라군은 물러가지 않았지요.
간신히 신라가 당나라를 몰아냈지만
당나라는 끝까지 신라를 노리고 있었어요.
"지금 당나라는 신라를 치려고 준비하고 있습니다.
미리 대비하지 않으면 위험해질 것입니다."
의상의 말에 신라 왕실은 발칵 뒤집혔어요.
문무왕은 대비책을 세우기 위해
신하들에게 명령을 내렸어요.
"명랑 법사를 모셔 오도록 하시오."
명랑 법사는 그 무렵 신라 왕실에서
중히 여기던, *신통력이 뛰어난
스님이었어요.

신통력 무슨 일이든지 해낼 수 있는 신기한 힘이나 능력

스님, 어서 오십시오!

이윽고 명랑 법사가 궁궐에 도착하자
문무왕은 반색을 하며 맞이했어요.
"법사! 당나라군이 쳐들어온다고 하오. 이 일을 어쩌면 좋겠소?"
"폐하, *제단을 쌓고 법회를 크게 열면 신라를 넘보지 못할 겁니다."
명랑 법사는 제단을 높이 쌓고 불공을 드리기 시작했습니다.
그러자 하늘이 울리고 땅이 울렸어요.
바다에는 풍랑이 일었지요.
바다를 건너오던 당나라군은 깜짝 놀라
지레 겁을 먹고 물러갈 수밖에 없었어요.

제단 제사를 지내기 위해 쌓아 올린 단

명랑 법사의 신통력도 뛰어났지만
의상도 발을 땅에 딛지 않고 걸어다닐 만큼 신통력이 뛰어났어요.
의상이 황복사에 머물 때의 일이었어요.
"와, 큰스님이 또 탑 꼭대기로 올라가신다!"
탑돌이를 할 때마다 의상은 새처럼 날아 탑 꼭대기에 오르곤 했어요.
제자들은 의상에게 그 비법을 알려 달라고 졸랐지요.
"허허, 세상 사람들이 이것을 보면 몹시 이상하게 여기고
혼란스러워 할 것이다. 그러니 비법을 전할 수 없노라!"

나무아미타불!

이윽고 황복사를 떠난 의상은 소백산에 큰 절을 짓기로 했어요.

의상은 부처님이 계실 곳을 짓는 일이라며

절을 짓는 데 들어가는 돌 하나 나무 하나에도 정성을 기울였어요.

절 이름은 부석사로 지었습니다.

부석사가 완성되자 의상은 그곳에서

제자들에게 《화엄경》을 가르쳤어요.

부석사는 《화엄경》을 배우려는 스님들로 늘 북적거렸지요.

그들에게 의상은 힘주어 말했어요.

"부처님은 모든 곳에 계십니다.

하늘에도 계시고 땅에도 계시고 나무에도 계십니다.

무엇보다 우리 마음속에 부처님이 계십니다."

사람들은 의상의 가르침에 크게 감동했어요.

의상은 부석사에만 머물지 않았어요.
신라 곳곳에 절을 세우고
모여드는 신도들에게 《화엄경》을 가르쳤어요.
원주의 비마라사, 가야산의 해인사,
*비슬산의 옥천사, 금정산의 범어사, *남악의 화엄사…….
의상은 자신을 부르는 곳이면
어디든 달려가 《화엄경》을 가르쳤지요.
의상에게 《화엄경》을 배우고 많은 제자(弟子)가 나왔어요.
사람들은 어느덧 의상을 큰스님이라는 뜻에서
'대사'라 부르며 존경하고 따랐어요.
지금도 의상 대사는 화엄종의
가장 위대한 스승으로 불린답니다.

비슬산 고성 연화산의 옛 이름
남악 지리산

신라를 위기에서 구하다

의상 대사

의상 대사는 신라 진평왕 때 태어나 신라의 삼국 통일을 지켜본 스님이에요. 당나라에서 화엄종을 처음 들여와 우리나라 '화엄종의 시조'로 일컬어지고 있지요.

의상 대사는 19살 때 경주 황복사에서 스님이 되었는데 당시로서는 늦은 나이에 출가한 것이었어요. 하지만 깨달음을 얻고자 하는 뜻이 강하여 친구인 원효 대사와 함께 당나라로 유학을 떠났지요. 당시는 삼국이 통일되기 전이라 고구려 땅을 거쳐야만 당나라에 갈 수 있었는데, 이때 그만 고구려군에게 잡히고 말았지요. 고구려는 두 스님을 신라의 첩자로 오해했다고 해요. 그러는 사이에 신라는 삼국 통일을 이뤄 냈지요. 10년이 흐른 뒤, 의상 대사는 다시 원효 대사와 함께 당나라 유학길에 올랐어요. 그러나 해골 물을 마신 원효 대사가 중도에서 유학을 포기하는 바람에 의상 대사만이 당나라로 건너가게 되었어요.

당나라에 도착한 의상 대사는 종남산 지상사의 지상 대사를 찾아가 《화엄경》을 배웠습니다. 이때 나이가 36살이었지요. 지상 대사 밑에서 10년 동안 '화엄'의 세계를 공부한 의상 대사는 마침내 중국 화엄종의 대를 이었다는 인정을 받게 되었어요. 이때 친구였던 현수 스님과는 신라로 돌아온 뒤에도 계속 연락을 하고 지냈는데, 현수 스님은 지엄 대사의 뒤를 이어 중국에서 화엄종의 대를 세 번째로 잇는 스님이 되었답니다.

신라로 돌아온 의상 대사는 부석사, 해인사, 범어사, 화엄사 등의 절을 새로 지었으며 화엄종을 널리 가르쳤어요. 의상 대사 밑에서 공부한 큰스님들이 무척 많았답니다.

의상 대사가 터득한 화엄종의 부처님 말씀은 《화엄일승법계도》라는 책을 통해 지금까지도 전해지고 있답니다.

그 때는 그랬군요!

우리나라에 불교가 처음 들어온 것은 가야 때 인도로부터였다고 합니다. 하지만 그 영향은 아주 미미했어요. 본격적으로 불교가 들어온 것은 삼국 시대 때 중국으로부터였지요.

고구려의 경우, 소수림왕 2년(372)에 전진의 승려 순도를 통해 불교가 들어왔습니다. 백제에는 그로부터 12년 뒤인 침류왕 1년(384), 동진의 마라난타에 의해 불교가 전래되었습니다. 그리고 신라는 5세기 초에 고구려와 중국 양나라를 통하여 불교가 들어왔는데, 법흥왕 때 이차돈의 순교(527)를 계기로 불교가 정식으로 인정되었습니다.

신라는 삼국 중에서 가장 늦게 불교를 받아들였어요. 하지만 가장 화려한 불교문화를 꽃피웠답니다. 특히 원광 스님은 화랑도의 계율인 '세속오계'를 만들어 나라를 지키는 '호국 불교'를 일으켰어요. 이것은 신라가 삼국을 통일하는 데 큰 역할을 했지요.

신라의 경우처럼 삼국 시대에는 나라의 발전과 불교가 크게 관련되어 있었어요. 고구려는 불교를 장려하여 백성들의 마음을 한데 모았기 때문에 광개토 대왕의 영토 확장이 가능했지요. 또 백제도 불탑, 미륵불 등 아름다운 불교 예술의 꽃을 피워 일본으로 전파하는 역할을 했답니다.

기원전 57 신라 건국

527 불교 공인

545 《국사》 편찬

644 의상 출가

645 황룡사 9층 목탑 건립

661 의상, 당나라 유학

671 의상 귀국

676 부석사 완공 삼국 통일

682 국학 설립

935 신라 멸망

논술 이어 가기

이런 생각 어때요?

 의상 대사가 당나라에서 **김흠순**을 만나지 못했다면 신라는 어떻게 되었을까요?

만약 당나라군이 쳐들어왔다면 신라가 큰 위기에 처할 수 있었겠지요. 그때 당나라의 침입으로 신라가 멸망했다면, 우리나라의 역사는 거기서 끝났을지도 모르고요. 이런 것을 보면 한 사람의 힘은 작지만 역사에 미치는 영향은 의외로 클 수도 있다는 것을 알 수 있어요.

 의상 대사가 **당나라 유학**을 포기하고 신라에만 머물렀다면 어떻게 되었을까요?

의상 대사는 신라에 머물렀어도 훌륭한 스님이 되었을 거예요. 그러나 당나라로 유학을 가지 않았다면 우리나라 화엄종의 시조가 되지 못했겠지요. 또 통일 신라 때에 화려한 불교문화의 꽃을 피울 수 없었을지도 몰라요. 그만큼 우리나라 불교에서 의상 대사의 역할이 컸다고 할 수 있겠지요.

 **생각해 보아요**

의상 대사와 함께 당나라 유학길에 올랐던 원효 스님은 해골물을 마시고 깨달음을 얻어 신라에 머물기로 했지요. 그러나 의상 대사는 홀로 유학을 가서 우리나라 화엄종의 시조가 되었어요.
여러분이 의상 대사나 원효 스님이었다면 어떤 길을 택했을까요?

 **나의 생각은**

왜 그렇게 생각했는지 부모님이나 친구들과 함께 이야기해 보세요.
그리고 다른 친구들의 생각도 들어 보세요.

역사 속으로 한 걸음 더

거기가 어디지?

의상 대사의 발자취를 따라

의상 대사는 두 번 당나라에 가려고 했어요. 첫 번째는 실패했고 두 번째는 원효와 헤어지고 혼자서 유학길에 올랐지요. 더 넓게 불교를 공부하려 애쓴 의상 대사의 발자취를 함께 따라가 보아요.

부석사
676년(문무왕 16) 2월에 의상 대사가 왕의 명령으로 부석사를 세웠어요. 그 뒤 우리나라 화엄종의 중심이 되는 절이 되었지요. 용이 되어 의상 대사를 지켰다는 선묘의 이야기가 전해지고 있어요.
경상북도 영주시 부석면 북지리

경주 구황리 삼층 석탑
황복사는 의상 대사가 스님이 된 절이에요. 지금은 절터와 삼층 석탑(국보 제37호) 등 유물 몇 점만이 남아 있지요. 절 이름으로 보아 신라 왕실과 관계되는 절로 추측되는데, 의상 대사 외에 경문왕도 황복사에서 출가했다는 기록이 있어요.
경상북도 경주시 구황동

금성

● 통일 신라 ● 발해 ● 당나라 ● 일본

달콤한 디저트
포토 노트

* 사진으로 알아보는 교과서 삼국유사 · 삼국사기

범어사 대웅전
통일 신라 때 당나라에 유학을 하고 돌아온 의상 대사가 창건한 화엄종 사찰이에요. 부산광역시 금정구 청룡동 금정산에 있어요.

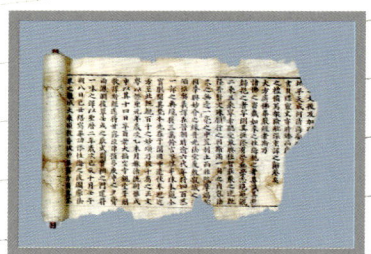

《화엄경》
《대방광불화엄경》을 줄여서 《화엄경》이라고 해요. 부처님과 중생은 둘이 아니라 하나라는 것을 말하는 불교 경전이에요.
서울역사박물관 소장품